AF456477

NOTICE

SUR

N.-E. LEMAIRE

ÉDITEUR DES CLASSIQUES LATINS

ET

SUR LE MONUMENT

ÉLEVÉ A SA MÉMOIRE.

PARIS

IMPRIMERIE DE JULES BELIN-LEPRIEUR FILS
11, RUE DE LA MONNAIE.

1842.

NOTICE

SUR

N.-E. LEMAIRE.

Quand un homme, par son travail et son mérite, s'est élevé d'une condition obscure à un rang distingué, il est bon de perpétuer son souvenir pour servir d'exemple et d'encouragement à la jeunesse. C'est dans cette pensée qu'à la mort de M. Lemaire, le conseil municipal de Triaucourt avait voté l'érection d'un monument en l'honneur du savant illustre qui laissait à ses compatriotes un héritage de gloire.

Mais les ressources de nos villages sont en général trop modiques pour subvenir à de pareilles dépenses. Le vœu du conseil municipal serait peut-être resté longtemps sans effet, si la famille de M. Lemaire, et sa veuve surtout, n'eussent pris avec empressement le soin d'y répondre et d'en accomplir l'exécution. Aujourd'hui un monument, imposant à la fois et utile, orne la place publique de Triaucourt.

Faisons d'abord connaître les vertus et les talents du célèbre professeur; puis nous dirons les hommages rendus à sa mémoire.

NOTICE BIOGRAPHIQUE.

(*Journal de la Meuse*, 10 *octobre* 1832.)

Un des hommes qui honoraient le plus le département de la Meuse par la beauté du talent, les grâces de l'esprit et les qualités du cœur, vient de lui être enlevé. M. Lemaire (Nicolas-Éloi), doyen de la Faculté des Lettres en l'Académie de Paris, et professeur de poésie latine, est mort le mercredi 3 octobre 1832. Il était né à Triaucourt, village de l'arrondissement de Bar-le-Duc, le 1er décembre 1767.

C'est dans le couvent de Beaulieu, érigé à peu de distance de Triaucourt, au milieu de la forêt qui porte encore ce nom, que M. Lemaire fit ses premières études. Les langues anciennes lui furent enseignées par quelques bénédictins qui cultivaient les lettres, non sans succès. Ensuite il passa au collége de Sainte-Ménéhould[1], et enfin à la célèbre maison de Sainte-Barbe à Paris. C'est là qu'en 1787, il termina ses études par un triomphe qui, depuis, se répéta deux fois dans sa famille. Le prix d'honneur lui fut décerné[2], et presque aussitôt il commença à enseigner dans le collége, dont il venait d'accroître encore la renommée universitaire. La révolution le surprit au milieu des Muses, et long-

---

[1] C'est là qu'en 1782, au moment où il venait de remporter tous les prix de sa classe, un vieillard, originaire aussi de Triaucourt, l'abbé Lefébure, Sénieur de Sorbonne, le seul théologien que Marmontel ait trouvé raisonnable et même spirituel dans la censure de son Bélisaire, lui dit avec une emphase doctorale, *nec te Troja capit* (Virg. Æn. IX, 644), et le détermina à venir achever ses études à Paris.

[2] A cette époque on terminait l'année par un exercice dont le professeur chargeait habituellement un fils de grand seigneur qui pût faire les frais de la cérémonie, et qui (c'était l'usage) faisait au professeur un cadeau de cent louis dans une paire de gants. M. Binet, professeur de rhétorique au Plessis, choisit par extraordinaire, pour l'exercice, le jeune Lemaire qui était sans naissance, sans fortune, mais dont le talent avait inspiré au généreux professeur ce noble désintéressement. M. Lemaire fut longtemps sans pouvoir acquitter cette dette, autrement que par une vive amitié pour son maître.

Enfin, en 1810, le succès et l'éclat de ses leçons publiques ayant paru dignes à l'empereur d'une récompense, il fit à M. Lemaire une pension de 3,000 fr. Mais celui-ci, par l'entremise de Corvisart, son ami, supplia l'empereur de porter cette pension sur la tête de M. Binet; et cet acte de reconnaissance obtint l'assentiment du souverain.

temps encore après qu'elle eut fermé les portes de leurs sanctuaires, il resta fidèle à leur culte, tout occupé des chefs-d'œuvre littéraires de la Grèce et de Rome. Comme tant d'autres, détourné du chemin qu'il s'était tracé, M. Lemaire entra et passa successivement dans diverses parties de l'administration publique : il ne s'attacha à aucune; l'amour des lettres le dominait, et l'espoir d'un meilleur avenir pour sa patrie l'encourageait à des études qui devaient, quelques années plus tard, lui valoir une estime dont le reflet irait jusqu'à elle-même. La ville de Bar-le-Duc n'a pas oublié quel courage montra M. Lemaire lorsque quelques-uns de ses concitoyens les plus honorables furent emmenés dans les cachots de Paris, en 1793. Tout ce que l'humanité et l'amitié peuvent suggérer d'énergie, de patience, de dévouement, il le déploya pour sauver des hommes dont le crime avait été de bien servir leur pays [1].

---

[1] Suivant l'usage d'alors, il fut obligé de demander un certificat de civisme. La section du Jardin des Plantes, dite des *Sans-Culottes*, était dominée par le commandant général de Paris, le farouche Hanriot, qui s'opposa à la délivrance du certificat. Il reprochait au jeune professeur de n'avoir point encore paru dans les assemblées de la section, d'être encore l'enfant de *la fille aînée des rois*, et d'avoir quitté Paris sous prétexte d'aller en vacances; mais dans le fait pour ne pas assister à la journée du 10 août, et pour aller présenter des dragées au roi de Prusse à Verdun.

A ces mots, dont on commençait alors à pressentir les ho-

Lorsque, au début de l'empire, les lettres et les sciences commencèrent à refleurir, l'abbé Delille, placé comme professeur de poésie latine au Collége de France, choisit pour son suppléant M. Lemaire. Les leçons de celui-ci lui méritèrent bien vite la ré-

---

micides conséquences, Nicolas-Éloi Lemaire s'élance à la tribune des *Sans-Culottes* pour la première fois, confond avec trop d'éclat peut-être son fanatique accusateur, et obtient son certificat de civisme au milieu des applaudissements universels.

Cet acte de hardiesse, ce succès du courage avait fixé sur lui les regards des citoyens qui tremblaient sous le sabre de l'anarchie. Ils le nommèrent bientôt président temporaire de la section, et quelque temps après juge suppléant au tribunal civil du sixième arrondissement de Paris.

Alors il sauva de la prison les professeurs du jardin *toujours royal* des Plantes, comme les appelait Hanriot; il obtint même un certificat de civisme pour le vénérable d'Aubenton, en faisant considérer comme un *berger* ce savant qui le premier s'occupait en France de l'éducation des mérinos.

Alors il osa se prononcer hautement contre un président du tribunal révolutionnaire, qui réclamait *en personne* à l'audience civile contre un négociant de Bruxelles, une somme de 80,000 fr. en numéraire, le plaideur parlait avec l'arrogante assurance que lui donnaient son pouvoir et son horrible renommée; c'était Coffinhal. Il fut déclaré non-recevable, et l'étranger absent, bien plus, emprisonné à la Conciergerie, gagna son procès et fut mis en liberté.

Il y avait alors du courage à affronter de pareils hommes!

Avant le 18 brumaire il était commissaire du gouvernement près le bureau central, et en cette qualité il fit fermer la société du *Manége*.

putation la plus brillante; et, l'Université s'établissant, il fut appelé comme professeur de poésie latine à la Faculté des Lettres de Paris. Ce poste était éminent ; il mettait en contact direct avec les élèves de cette école normale que la restauration s'attacha tout d'abord à détruire, à cause du savoir et de la sage indépendance des esprits qui y étaient formés. Les leçons de M. Lemaire furent goûtées par une jeunesse désireuse de s'instruire et avide du beau. Des hommes d'un âge mûr, d'une expérience déjà consommée dans l'art d'enseigner, ne dédaignaient pas non plus les séances vraiment *normales*, où notre spirituel compatriote révélait le secret des grâces et de la grandeur des génies de l'antiquité. Des hommes d'état, des membres de l'une et l'autre chambre, y venaient à la fois prendre un délassement plein de charme, et recevoir des exemples de la plus entraînante élocution. Peu d'orateurs en effet, même parmi les plus vantés, ont réuni à un degré aussi élevé les qualités diverses qui constituent l'éloquence, mot aujourd'hui prodigué, presque prostitué, car on l'applique à tout amas de phrases retentissantes, que désavouent ensemble la logique et la grammaire.

En 1810, Murat, voulant organiser l'instruction publique dans le royaume de Naples, avait nommé M. Lemaire grand-maître de l'université projetée; mais Napoléon ne permit pas qu'il fût perdu pour la

France; il lui ordonna de continuer le cours de ses brillantes leçons, et, plus tard, lui fit une pension annuelle de 6,000 fr.; elle fut perdue à la chute de l'empire, et c'était à la fois pour procurer à M. Lemaire un juste dédommagement, et élever en France, aux lettres latines, un monument glorieux, que Louis XVIII enjoignit à l'habile professeur de travailler à la Collection des classiques latins. Ce prince se déclara le protecteur de cette immense entreprise, qui obtint le succès le plus complet, non seulement en France, mais jusqu'en Russie même. M. Lemaire a laissé quelques pièces de poésie latine, où le goût et l'esprit se font illusion au point de se croire en la compagnie de Virgile ou d'Horace. Nous exprimons le vœu de les voir réunies dans le dernier volume des *classiques* [1]; ce ne sera pas le moins précieux de cette riche et magnifique collection.

M. Lemaire ne laisse point d'enfants. Un fils unique, qui promettait d'être digne de lui, a été enlevé à sa tendresse en 1812. Deux de ses neveux, nés comme lui à Triaucourt, ont aussi obtenu le prix d'honneur au concours général ouvert entre tous les colléges de Paris. L'un, M. *Auguste* Lemaire, maître de conférences à l'école normale, voudra sans

---

[1] Ce souhait a été rempli après l'achèvement complet de la collection des classiques latins.

doute établir sa propre réputation comme écrivain, et honorer la mémoire de son oncle, en mettant la dernière main au grand ouvrage des *classiques ;* puisse cette tâche s'accomplir avec bonheur! C'est un vœu que doit former tout homme qui, dans sa jeunesse, n'est pas resté étranger au charme indicible de la littérature latine.

Pendant longues années, M. Lemaire a été membre du conseil général de la Meuse. Nommé plusieurs fois secrétaire, il a rempli ces laborieuses et délicates fonctions avec un zèle, un amour éclairé de son pays, dont les preuves multipliées restent dans nos archives départementales. C'est à l'épuration de 1816, époque où presque tous les membres du conseil général furent renvoyés, qu'il cessa de s'occuper d'intérêts administratifs. Ses amis avaient songé à le porter aux honneurs de la députation. En 1818, lorsque le régime constitutionnel prit vigueur, et qu'un même collége assemblait tous les électeurs du département, de nombreux suffrages se réunirent en faveur de M. Lemaire. Ce fut seulement au scrutin de ballotage que la préférence resta à M. Vallée, conseiller en la cour de cassation.

Depuis lors, notre compatriote sembla avoir renoncé à toute existence politique, pour se consacrer entièrement à l'entreprise de la collection des classiques. Nul homme n'était plus capable de mener à bien un ouvrage si vaste et si difficile, car personne n'a jamais pu lui contester le rang d'un des premiers latinistes de France; nul, parmi les modernes, ne connut mieux le génie de la langue latine; nul ne fut plus heureux à jouer avec sa poésie.

Des hommes d'un mérite éminent, et voués à diverses carrières, prenaient plaisir à se réunir chez M. Lemaire. Ce n'était point un cercle selon le goût du jour, car on n'y parlait point politique; mais on s'entretenait de sciences et de lettres. Les professeurs les plus renommés de l'Université y apportaient une infinie variété de savoir et d'instruction; des pairs de France, des députés, étaient fidèles à ces réunions comme au culte de l'amitié et de la science. A côté du célèbre médecin Dubois, d'Orfila, pour qui la chimie médicale semble n'avoir plus de secrets, de Delort, si profondément versé dans nos antiquités nationales, on trouvait Fabry Garat, d'un talent musical si suave; à côté de Tissot, à la verve poétique si douce, de Firmin Didot, si cher à la littérature et à la typographie, le savant magistrat Carnot, le brave général Exelmans, l'illustre maréchal Gérard, et M. de Norvins, le célèbre historien de Napoléon.

De telles amitiés attestent assez quel homme était M. Lemaire. Les vertus de son cœur, les trésors de son esprit, il ne les employa jamais qu'à servir les autres; être utile semblait en lui un besoin sans cesse renaissant. Aucun n'avait mieux mérité d'avoir des fils, car aucun n'aima mieux les jeunes gens [1]; aucun ne les aida avec plus de persévérance de ses conseils, de son appui et souvent de sa libéralité. Il descendait à leur niveau avec une simplicité d'esprit si franche et une douceur de langage si

---

1 « M. Lemaire avait au plus haut degré deux qualités qui font qu'on a beaucoup d'amis et qu'on les garde toute sa vie : il était bienveillant et bienfaisant. Son empressement à leur rendre service, son obligeance prévenante et infatigable ont facilité à un grand nombre de nos jeunes professeurs les plus distingués l'entrée des carrières universitaires. Il aimait les jeunes gens et les comprenait, ce que ne font pas toujours ceux qui les dirigent; il encourageait leurs efforts; il n'aggravait pas, par des chicanes d'érudition minutieuse, les épreuves officielles par lesquelles le monopole universitaire les forçait de passer pour arriver aux grades; il ne faisait pas dépendre l'avenir d'un jeune homme de son plus ou moins de hardiesse dans un examen public; il était bon de cette bonté d'instinct, de premier mouvement, qui est si rare et si aimable en tout temps, et surtout dans nos jours d'égoïsme envahissant, où l'on ne sert les gens qu'à proportion de ce qu'on en tire, et où l'on n'a d'obligeance que pour ceux qui la peuvent payer. Celui qui écrit ces lignes a vu souvent cette bonté exquise aller au devant de ceux qui ne la pouvaient payer que par de la reconnaissance sans bruit; et c'est au nom de beaucoup de jeunes gens, auxquels M. Lemaire a tendu une main amie, au début de leurs laborieuses études, qu'il rend cet hommage à sa mémoire.

D. Nisard.

(*National du* 8 *octobre* 1832).

attrayante, que leur confiance lui venait bien vite. Les pères et les fils, en apprenant sa mort si inattendue, auront senti se réveiller avec une force nouvelle le souvenir de tout ce qu'ils doivent à cet homme excellent; et quand, réfléchissant sur la rapidité de cette vie, ils résumeront les hommes dont la perte laisse un vide dans le monde, ils mêleront leurs larmes aux nôtres pour honorer la mémoire de celui à qui le ciel et l'éducation avaient comme prodigué tous les avantages qui, divisés, eussent suffi au mérite et à la réputation brillante de plusieurs.

C'est au cimetière du P. Lachaise, à côté de son fils, que repose notre compatriote. Près de sa tombe en est une autre destinée à sa veuve; puisse-t-elle rester fermée encore longtemps! Tous ceux qui avaient estimé et chéri M. Lemaire durant sa vie, ne lui ont pas manqué après sa mort. Son cortége funèbre était l'image fidèle de cette nombreuse société dont il avait été comme le centre: la diversité des rangs, des professions, du savoir et de l'âge, annonçait, hélas! que l'homme qu'on rendait à la terre n'avait point eu une vulgaire existence!

Au milieu du village de Triaucourt s'élèvent trois ormes plantés par l'autorité municipale [1]: touchants

---

[1] En vertu d'une décision du conseil municipal, approuvée

souvenirs des triomphes universitaires décernés à Lemaire et à ses neveux. Que sous leurs rameaux protecteurs, soit érigé le buste de celui dont la naissance a honoré ces lieux; que son image fidèle y soit, pour la jeunesse, comme une leçon vivante, que nos campagnes les plus reculées enfantent aussi des fils qui, par les sublimes travaux de l'esprit, rendent leurs noms durables et leur mémoire vénérée!

Quand, pour la première fois, viendra le triste anniversaire du 3 octobre, puissent les amis de Lemaire alléger leur douleur en consacrant le monument pour lequel leurs vœux et leurs efforts vont s'unir!

J.-L. Gillon,

Député de la Meuse, conseiller à la Cour de cassation.

---

par le préfet de la Meuse et par le ministre de l'intérieur, ces arbres ont été plantés et doivent être entretenus aux frais de la commune.

NOTICE NÉCROLOGIQUE.

M. Lemaire, l'un des plus brillants élèves de l'ancienne Université, l'un des professeurs les plus distingués de la nouvelle, vient d'être enlevé aux lettres et à ses amis par un coup aussi terrible qu'imprévu. Quelques jours avant la catastrophe, lui-même se félicitait de sa bonne santé, qu'il attribuait à l'air de la campagne: et soudain nous l'avons vu surpris et terrassé par trois maladies incurables. Il ne s'est pas fait un moment d'illusion sur son état, mais la mort qu'il a senti venir n'a pu ni troubler sa sérénité, ni même altérer sa gaieté naturelle; il a vécu tout entier jusqu'au dernier moment.

Sous le rapport de ces études classiques qui se faisaient autrefois dans le collége de Sainte-Barbe, où l'on vivait de brouet noir comme à Lacédémone, lui et quelques-uns de ses amis étaient en quelque sorte les derniers des Romains. Le mot *scholar*, qui exprime chez les Anglais non seulement un bon écolier, mais encore un homme qui, n'ayant point cessé de cultiver les lettres grecques et latines, leur doit la réputation d'un excellent humaniste, ce titre que les Pitt, les Sheridan, les Fox, acceptaient avec plaisir, caractérise tout-à-fait et M. Lemaire, et le mérite particulier qui n'a cessé de le distinguer; même au milieu des distractions de la fortune ou de la politique, il aimait avec passion Cicéron, Horace et Virgile; il cultivait leur langue comme sa langue maternelle. Peu de poëtes latins modernes ont fait des vers aussi brillants que les siens. Comme professeur, il a jeté beaucoup d'éclat sous l'empire; ses leçons attiraient un grand concours d'auditeurs, parmi lesquels figuraient d'éminents personnages du temps, ses condisciples et ses amis.

On lui doit le service d'avoir contribué à ranimer le goût de l'antiquité dans une époque où la fièvre de la guerre et l'ardente passion de la gloire militaire dominaient presque exclusivement parmi nous.

La vie politique de M. Lemaire n'a point été exempte d'orages; il avait encouru d'ardentes inimitiés; mais des services rendus pendant le cours de la révolution à des hommes célèbres, tels que La Harpe, l'abbé Sicard et Fontanes, etc., menacés de perdre la liberté ou la vie, un singulier penchant à la plus parfaite et à la plus utile obligeance, une humeur enjouée, un caractère facile, et surtout des amis fidèles et dévoués, l'ont toujours soutenu contre toutes les attaques. Des amis! il en comptait presque partout, dans l'instruction publique, dans les lettres, dans les sciences, dans l'administration et dans l'état militaire.

M. Lemaire avait obtenu de brillants succès dans les sociétés de Paris, où on le recherchait avec empressement; mais depuis la mort de son fils, jeune homme de la plus belle espérance, il s'était retiré du monde par degrés. Le chagrin de cette perte lui avait laissé dans le cœur un de ces stigmates qui ne s'effacent jamais; aussi ni lui, ni une épouse désespérée ne pouvaient prononcer, sans verser des larmes, le nom de l'objet de leur prédilection. Tout le monde a vu cette douleur, et tout le monde en a été touché. Depuis, M. Lemaire, pour se consoler, se faire illusion à lui-même, a semblé prendre le titre de père par l'adoption de plusieurs neveux qu'il a comblés de bontés. L'un d'eux, digne de cette adoption, et chéri des deux époux, est associé depuis longtemps aux travaux de son oncle, qu'il remplaçait souvent avec succès dans sa chaire de poésie latine.

A l'époque de la Restauration, M. Lemaire parut vouloir se réfugier entièrement dans les lettres, et inspira à Louis XVIII la pensée de placer son nom royal en tête de la publication d'une nouvelle collection de classiques latins, composée des travaux les plus remarquables des nationaux et des étrangers. C'était flatter la passion du prince, qui se regardait

2

tellement comme le premier des *scholars*, que l'un de ses ministres, très fort humaniste lui-même, et à la fois doué de beaucoup d'esprit et de souplesse, ne trouvait pas de plus sûr moyen pour conserver son portefeuille que de baisser pavillon devant le savoir du maître. On n'a jamais pu accuser M. Lemaire d'avoir usé de cette recette; mais son entreprise flattait la passion du prince, qui aspirait au titre de protecteur des lettres, et prétendait même à la gloire d'écrivain; Louis XVIII accepta la dédicace de l'ouvrage, et le favorisa d'une manière particulière; il prit même le soin de rédiger la liste des auteurs à publier.

On peut facilement relever quelques imperfections dans cette grande collection; mais telle que M. Lemaire nous l'a donnée, elle n'en est pas moins un présent précieux pour les lettres; elle recommandera toujours le nom, le courage, la patience, le zèle de l'auteur. Heureusement, pour lui, comme pour nous, il avait, avant de mourir, mis la dernière main au manuscrit des derniers tomes de la collection; heureusement encore, son neveu, son disciple, reste après lui pour achever cette importante publication.

P.-F. TISSOT.

(Constitutionnel du 23 octobre 1832.)

DISCOURS

PRONONCÉ SUR LA TOMBE DE M. LEMAIRE,

PAR M. ALEXANDRE,

PROVISEUR DU COLLÉGE ROYAL DE BOURBON.

Avant que cette tombe se referme, je demande la permission de rendre un dernier hommage à un homme qui fut le guide de mes études, l'appui de ma jeunesse, et qui est toujours resté mon ami. Il ne m'appartient pas d'apprécier les qualités qu'il a déployées sur cette scène du monde, où déjà, bien avant que je le connusse, il avait joué un rôle si actif dans des situations tour à tour si brillantes et si délicates. Je le peindrai seulement tel que je l'ai vu dans son intérieur. Ce qui frappe d'abord et ce qui paraissait dominer chez lui, c'était l'esprit, c'était cette verve d'imagination, d'à-propos et de gaieté, qui fut longtemps une des causes principales de ses succès dans le monde, qui, plus tard, dans un cercle plus resserré, faisait le charme de sa société particulière, et qui même, dans l'âge où la raison ralentit l'essor de la pensée, avait encore, lorsqu'il s'animait, toute la vivacité et tout l'éclat de la jeunesse. A cet esprit éminemment flexible, il joignait en général, et surtout dans les choses qui tiennent à la conduite des affaires, un jugement sûr, qu'il devait à sa grande habitude des hommes. Les hommes! qui plus que lui avait pu les observer de près, dans tous les rangs et sous toutes les faces? Aussi s'apercevait-on, dans les épanchements de sa conversation intime, qu'il les avait trop étudiés pour les estimer au dessus de leur valeur; et cette donnée ne doit pas échapper à celui qui voudra porter un jugement sur son caractère. Doué d'une âme très passionnée, lancé dans des carrières dont il n'atteignit pas toujours le but, et où il rencontra bien du monde sur son passage, il eut des ennemis. On ne doit pas s'étonner s'il eut des détracteurs, et il faut renvoyer à la calomnie ce qui lui appartient. Mais il eut aussi des amis; et je ne crains pas d'être démenti en disant que nul en amitié ne se montra plus constant, plus dévoué, et non seulement plus empressé à rendre service, mais plus délicat dans sa manière d'obliger, et moins exigeant en fait de reconnaissance. C'est que l'égoïsme contagieux du monde où il avait vécu n'avait pas effacé chez lui la sensibilité du cœur. Elle s'est montrée surtout dans les affections domestiques. Je l'ai connu le plus heureux des pères, et ensuite le plus inconsolable. J'ai vu, après le fatal événement dont cette tombe évoque pour moi le souvenir, le désespoir du père se confondre dans la tendresse de l'époux ; et deux âmes frappées du coup le plus subit et le plus terrible, succombant chacune à leur douleur, ne se soutenir que par leur mutuel appui. Mère et veuve désolée, quel sera maintenant ton soutien? Était-ce au cœur le plus faible à subir deux fois une si rude épreuve? Et où sera ta force pour te survivre deux fois à toi-même?

Ces idées sont trop douloureuses, Messieurs. Elles ne me laissent le courage de parler ni des succès classiques de M. Lemaire, restés célèbres dans les souvenirs de l'ancienne Sainte-Barbe, ni de son rare talent pour la versification latine, et de l'incroyable triomphe que lui valut, il y a vingt ans, un art aujourd'hui si négligé, ni de ses services universitaires et de ses cours autrefois si brillants et si suivis, ni de ses immenses travaux pour élever ce bel et majestueux édifice de la collection des auteurs latins. Ces travaux, Messieurs, ne seront pas interrompus, puisqu'il a eu, avant de mourir, la joie de les voir terminés, et que le soin d'en mettre au jour les derniers volumes est confié, tâche désormais facile, à un neveu, son élève chéri et depuis longtemps son digne et zélé collaborateur. Dans ce vaste répertoire de la littérature latine et de l'érudition de tous les commentateurs anciens et modernes, quelques fautes ont dû se glisser. La critique les a relevées, la malveillance les a grossies, l'ignorance et l'envie se sont plu à les proclamer. Mais, malgré leurs efforts, ce monument durera, et sera dans cinquante ans l'ornement, ou plutôt le fondement nécessaire de toute bibliothèque savante. L'Université de France, et surtout la Faculté des lettres, dont il avait l'honneur d'être le doyen, doivent donc un tribut solennel de regrets, non seulement au professeur qui longtemps jeta tant d'éclat sur leur enseignement, mais à l'éditeur actif et infatigable qui a tant fait par lui-même et par les autres pour la gloire de la philologie française. Que ce soit là sa couronne publique : ses amis lui en décernent dans leur cœur une non moins méritée et qu'il ambitionnait davantage.

INAUGURATION DU MONUMENT

ÉLEVÉ

A LA MÉMOIRE DE N. E. LEMAIRE.

Le lendemain de la fête patronale de Triaucourt, lundi, 22 septembre 1834, on a célébré dans ce bourg une solennité touchante, l'inauguration du buste de M. Lemaire. Cette cérémonie si rare, et par cela même si imposante dans nos campagnes, avait attiré des environs et des villes voisines une foule nombreuse et empressée de gens qui venaient rendre comme un dernier devoir à leur savant compatriote.

Le monument entièrement achevé excitait une surprise d'autant plus agréable qu'on ne s'attendait pas à trouver, dans un village écarté, un travail aussi bien exécuté et dans de si nobles proportions [1]. On

---

[1] Ce monument de forme carrée, est porté par quatre colonnes rondes, de neuf pieds de hauteur, avec chapiteaux sculptés; c'est entre ces colonnes qu'est placé le buste qui est de marbre blanc.

L'entablement, le plafond et le fronton sont également ornés de sculptures très bien exécutées et du meilleur effet. L'ensemble a 20 pieds d'élévation.

Au-dessous du piédestal, et dans l'intérieur même du mo-

approuvait surtout la pensée d'y avoir rattaché un but d'utilité générale ; et l'on se plaisait à voir cette fontaine amenée de si loin, non sans effort, et alimentée par une source d'eau excellente qui ne tarit jamais.

Enfin le corps municipal et toutes les autorités du canton parurent escortés de la garde nationale, et s'avancèrent au son des tambours et de la musique. Le voile qui recouvrait le buste fut enlevé. Alors M. Dorin père, ancien notaire et maire de la commune, a prononcé le discours suivant :

« Messieurs,

« Que ne puis-je, dans la circonstance qui nous réunit autour de ce monument, vous expliquer toute ma pensée, et vous développer avec plus de talent la vie de celui dont l'image vient d'être dévoilée. Comme organe du conseil municipal et des

---

nument se trouve le réservoir de la fontaine large de sept pieds carrés sur une hauteur de cinq pieds. Le bassin extérieur de forme ovale, a seize pieds de long. Il reçoit des deux côtés l'eau de service. Sur le devant, un troisième orifice donne de l'eau jaillissante. La source est éloignée d'environ un kilomètre; elle est amenée par des tuyaux de fonte.

Les dessins ont été tracés par M. Peyre, architecte à Paris ; leur exécution qui est d'un fini parfait, est due au ciseau de M. Derycke, habitant Laheycourt.

habitants de cette commune, et en mon nom particulier, j'éprouve la plus vive émotion en recevant aujourd'hui et en faisant l'inauguration du buste de M. Nicolas-Eloi Lemaire, décédé doyen de la faculté des lettres de l'académie de Paris, professeur de poésie latine en la même faculté; homme d'une immense célébrité par ses travaux littéraires, par ses vertus privées, par son dévouement pour son pays, et par son admirable ouvrage de la collection des classiques latins, qui fera toujours l'admiration, non seulement de la France, mais encore des nations étrangères.

« Personne n'ignore que dans les temps malheureux où la hache révolutionnaire choisissait parmi ses victimes les hommes les plus éclairés et les plus distingués par leurs vertus, plusieurs ont échappé au glaive prêt à les frapper, grâce au courage et au dévouement de M. Lemaire.

« Nous avons tous été témoins du grand intérêt qu'il portait au département de la Meuse, et nous savons qu'il a toujours saisi toutes les occasions de le servir. C'est surtout le pays qui l'a vu naître, et ses amis d'enfance qui ont été constamment l'objet de sa plus grande sollicitude.

« Aussi c'est avec le plus grand empressement que le conseil municipal a accueilli l'offre de la famille pour l'élévation d'un monument à la gloire de

M. Lemaire, monument précieux, sans doute, par son travail, sa forme et son élégance, et par l'établissement que vous y avez ajouté en faisant jaillir de ses flancs une eau provenant d'une source excellente; bienfait inappréciable pour les habitants de cette commune, qui en conserveront une éternelle reconnaissance.

« Où l'emplacement du monument pouvait-il être mieux choisi, qu'au pied de l'arbre consacré à perpétuer le souvenir des premiers succès littéraires obtenus par M. Lemaire en 1787 ; et entre deux arbres également plantés pour constater les mêmes succès obtenus, il y a quelques années, par ses deux neveux, qui déjà sont l'ornement du monde littéraire et de la société, par leurs talents distingués, leur mérite et leurs qualités personnelles; et qui bientôt auront acquis la célébrité de leur oncle. »

M. Auguste Lemaire, professeur de rhétorique au collége Bourbon, à Paris, a remercié au nom de toute sa famille qui l'environnait. Voici ses paroles proférées avec une profonde émotion, qui a ajouté encore à celle qui déjà se peignait sur tous les visages.

« Messieurs,

« L'hommage public que vous décernez à la mémoire de Nicolas-Éloi Lemaire, touche d'autant plus vivement sa famille qu'outre l'honneur d'appartenir à un homme dont le nom est si cher encore parmi vous, elle y trouve aussi un témoignage particulier de votre bienveillance. Nous devons déjà beaucoup au conseil municipal de cette commune et au digne magistrat qui le préside; ces arbres, qui ombragent le monument, en sont la preuve toujours présente, et notre reconnaissance doit croître avec eux. Recevez donc de nouveau, Messieurs, l'expression de notre gratitude, et croyez bien que tous, attachés de cœur au village qui nous a vus naître, nous embrasserons toujours ses intérêts avec le zèle le plus empressé.

« C'est dans cette pensée que nous avons voulu donner à ce monument un but d'utilité publique, comme c'était aussi le moyen d'honorer dignement la mémoire de celui que nous avons perdu. En effet, la vie de Nicolas-Eloi Lemaire se caractérise surtout par ce désir, ou plutôt par ce besoin d'être utile; et l'on peut dire que jamais personne plus que lui n'a connu l'art de rendre service. Que de fois, dans les temps difficiles, ses compatriotes eurent à se louer de son zèle et de son courage! il sauva plus d'une tête en exposant la sienne. Et maintenant qu'il n'est plus, ses bienfaits se continueront au-delà du tombeau, et cette fontaine fera vivre parmi vous le souvenir de son obligeance inépuisable.

« Ce monument aussi sera un enseignement pour

la jeunesse ; il leur fera connaître jusqu'où l'on peut s'élever par le travail et le savoir. Fils de laboureur, appelé lui-même dans son enfance à diriger la charrue, Nicolas-Eloi Lemaire, à force de zèle et de constance, s'ouvrit une carrière où il devint bientôt l'appui de sa famille et l'honneur de son pays. En passant devant son buste, les jeunes gens se diront : « Cet homme était né comme nous, sans fortune ; mais il a trouvé dans le travail des ressources toujours prêtes ; et il n'a usé de la richesse que pour faire le bien ! »

« Pour nous, Messieurs, qui portons son image dans nos cœurs, nous qu'il a comblés de ses bienfaits, et qui avons éprouvé cent fois tout ce que son cœur contenait de tendresse et d'affection, nous venons, avec ses nombreux amis, joindre à vos hommages le tribut de nos regrets et de notre reconnaissance. »

M. J.-L. Gillon, député de la Meuse, était parmi les amis de M. Lemaire ; pressé par eux de leur parler encore de celui qu'ils ne peuvent oublier, M. Gillon s'est avancé et a dit :

« Messieurs et chers compatriotes,

« Elles sont rares, les solennités semblables à celle qui nous réunit de tant de lieux divers ! Que les fils le demandent à leurs pères, que les pères interrogent le souvenir de leur jeune âge, ou se rappellent les récits qu'ils ont entendus dans les veillées de nos villages : aucune fête dans ce pays, non, aucune n'est comparable à l'inauguration de ce monument. Devant ces trois arbres qui l'ombragent, et qui attestent dans une même famille trois triomphes éclatants, trois triomphes, dont un seul suffirait à l'honneur d'une famille tout entière; devant l'image fidèle de celui qui était né au milieu de vous, et que vous avez autant aimé qu'il a illustré son berceau, les jeunes gens comprendront ce que peuvent, en l'absence des ressources de la fortune, le travail et la méditation ; les habitants des villes apprendront que, dans nos campagnes aussi naissent des hommes qui deviennent des lumières pour le monde savant lui-même.

« Nous tous, mes chers compatriotes, nous, dont les pères ont péniblement sillonné de leurs charrues les plaines de ce canton, nous ne saurions méconnaître qu'il y a cinquante ans, les honneurs pareils à ceux que vous rendez en ce moment, étaient le privilége exclusif des hommes en qui se trouvaient réunis le hasard des titres de noblesse et la faveur des hautes fonctions publiques. Mais quelles infranchissables barrières séparent la France d'aujourd'hui de la France de cette époque ! Gloire et durée au gouvernement qui, se souvenant qu'il a été fondé par le peuple et pour le peuple, appuie de son autorité les honneurs décernés aux hommes dont la grandeur est dans le mérite et l'utilité ! La gratitude pour lui se mêle au respect qu'on garde pour ceux qu'on a aimés et dont il aide à consacrer la mémoire. Ces deux sentiments maitrisent le cœur de chacun de nous; laissons-les s'épancher ensemble. Ce sera donc encore un éclatant hommage que vous rendrez à Lemaire, vous qui lui avez donné des regrets et des larmes, que de vous écrier : *Vive le Roi !* »

Ce cri a été vivement répété; ensuite la garde nationale commandée par M. Dorin fils, notaire, a défilé devant le monument au son de la *Parisienne.*

Cette intéressante solennité a laissé une impression profonde dans l'esprit des assistants; et le souvenir de cet hommage public rendu au mérite éclatant d'un homme sorti du village vivra dans la mémoire des enfants, comme le souvenir de ses éminentes qualités vit dans le cœur des pères.

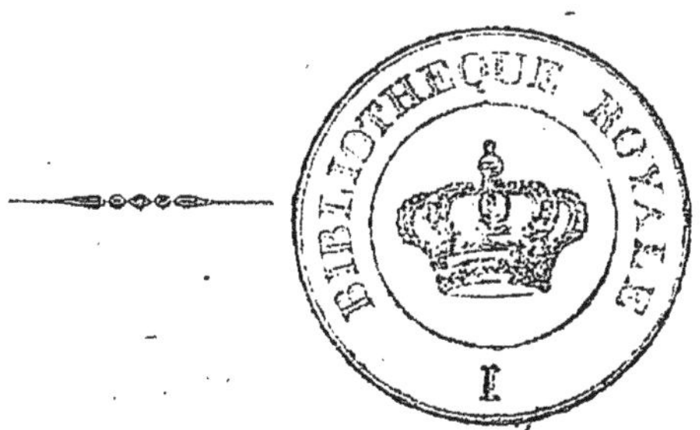

www.ingramcontent.com/pod-product-compliance
Ingram Content Group UK Ltd.
Pitfield, Milton Keynes, MK11 3LW, UK
UKHW022143260726
13993UKWH00005B/2134

9 782329 098838